La poésie enfin publiable

Découvrir la poésie contemporaine française en livres numériques

Du même auteur*

Certaines œuvres sont connues sous différents titres.

Romans

Le Roman de la révolution numérique
Ils ne sont pas intervenus (Peut-être un roman autobiographique)
La Faute à Souchon
Quand les familles sans toit sont entrées dans les maisons fermées
Liberté j'ignorais tant de Toi
Viré, viré, viré, même viré du Rmi !

Théâtre

Neuf femmes et la star
Les secrets de maître Pierre, notaire de campagne
Ça magouille aux assurances
Chanteur, écrivain : même cirque
Deux sœurs et un contrôle fiscal
Amour, sud et chansons
Pourquoi est-il venu :
Aventures d'écrivains régionaux
Avant les élections présidentielles
Scènes de campagne, scènes du Quercy
Blaise Pascal serait webmaster
Trois femmes et un Amour
J'avais 25 ans
« Révélations » sur « les apparitions d'Astaffort » Brel Cabrel

Théâtre pour troupes d'enfants

La fille aux 200 doudous
Les filles en profitent
Révélations sur la disparition du père Noël
Le lion l'autruche et le renard,
Mertilou prépare l'été

* extrait du catalogue, voir page 101

Jean-Luc PETIT

La poésie enfin publiable

Découvrir la poésie contemporaine française en livres numériques

Sortie numérique : 1er août 2013

http://www.poesie.pro

Jean-Luc PETIT Editeur - Collection Rimes

Poésie sur Internet :

http://www.poesie.pro

Tout simplement et logiquement !

Tous droits de traduction, de reproduction, d'utilisation, d'interprétation et d'adaptation réservés pour tous pays, pour toutes planètes, pour tous univers.

Site officiel : http://www.ecrivain.pro

© **Jean-Luc PETIT - BP 17 - 46800 Montcuq France**

Jean-Luc PETIT

La poésie enfin publiable

Découvrir la poésie contemporaine française
en livres numériques

À Francis Carco

À Romane,
Du collège Francis Carco à Villefranche de Rouergue, où trône « *Écrire des vers à vingt ans, c'est avoir vingt ans. En écrire à quarante, c'est être poète.* »

François Carcopino-Tusoli, né le 3 juillet 1886 à Nouméa utilisa principalement le pseudonyme Francis Carco mais également Jean d'Aiguières. Décédé le 26 mai 1958 à Paris, il semble avoir peu vécu en Aveyron. Il laissa une trentaine de romans, des "souvenirs", des poèmes, des textes de chansons et un peu de théâtre. Encore un mec qui refusait de rester dans une case !

Jean-Luc PETIT
La poésie enfin publiable

Sauf naturellement si vous "avez un nom", les éditeurs traditionnels sont formels : « la poésie ne se vend pas. » (n'est pas rentable dans leur système aux frais généraux et salaires des patrons élevés) Les plus organisés peuvent ajouter que malgré l'immense qualité de vos vers, il vous faudra, pour leur permettre de rencontrer leur public, payer une prestation de compte d'auteur (avec proposition jointe d'un partenaire ayant le même actionnaire ?). « *Tout le monde fait ainsi.* » Non ! Je ne connais (en vrai et amicalement) aucun auteur ayant payé un éditeur. L'auto-édition en papier permet, à long terme et avec obstination, d'atteindre le seuil de rentabilité d'un livre, même de la poésie. Il ne fallait pas exiger beaucoup plus !

L'auto-édition numérique, c'est la poésie enfin publiable, même pour un lectorat limité.
Depuis la possibilité d'utiliser le service d'impression à la demande Createspace avec vente sur l'ensemble des Amazon de la planète, et des librairies affiliées, avec pour unique formalité la demande d'un identifiant

fiscal US, le papier peut être considéré en déclinaison du numérique ! (depuis le dernier trimestre 2013 une grande partie de mon travail consiste ainsi à revoir les textes alors disponibles uniquement en ebooks)

En 1991, je publiais "*Eternelle Tendresse*", premier livre, recueil de poèmes. J'avais 20 ans. Oh... et quelques mois.... Puis je suis passé aux romans, pièces de théâtre, essais, textes de chansons... le plus souvent sous d'autres noms, le pseudonyme officiel et quelques variantes... Je est de nombreux autres, dans ce grand jeu.

À une période, j'ai pensé ne plus utiliser ce matricule de naissance. Mais il s'est imposé pour ce "recueil argumenté." Il y a peut-être une raison profonde... Des textes courts, peut-être l'essentiel... Dernier clap avant fermeture ? Ou alors : on y revient toujours à ce qui nous fut imposé ?

Jean-Luc Petit
http://www.jean-lucpetit.net

Lire de la poésie ?

Lire de la poésie ?
C'est si souvent tellement mal écrit.
Qui arrive à la cheville de Sénèque ?
Peut-être même pas Houellebecq.

Souffrir n'est pas suffisant
Écrire peut être un calmant
Plutôt que de publier pour être lu(e)s
Certains certaines devaient poser nu(e)s

L'envie d'un signe d'encouragement...

Si vous imprimez, même une seule centaine d'exemplaires de votre poésie, vous éprouverez sûrement des difficultés à réfréner l'impulsion d'en expédier une dizaine aux "poètes les plus connus." Je ne donnerai aucun nom. J'aurais même des difficultés à en aligner autant. J'espère qu'aucun chanteur ne figure dans votre liste ! Je ne peux m'empêcher de sourire quand des collègues de la sacem vénèrent l'astaffortuné.

En collant vos timbres, pensez plutôt à Stendhal et regardez vos enveloppes comme des billets de loterie. N'espérez rien des "poètes reconnus."

Paul Auster dans "*constat d'accident et autres textes*", raconte : « A l'occasion de ma visite, ce jour-là, je lui avais apporté un exemplaire de mon premier recueil de poèmes, Unearth, qui venait d'être publié. Cela rappela à Reznikoff une histoire qui me paraît significative, surtout à la lumière du terrible manque d'intérêt dont son oeuvre a souffert pendant tant d'années. Son premier livre, me raconta-t-il, avait été publié en 1918 par Samuel Roth (...). Le poète américain le plus en vue à cette époque était Edwin Arlington Robinson, et Reznikoff lui avait envoyé un exemplaire de son livre avec l'espoir de recevoir du grand homme un signe d'encouragement. Un après-midi où Reznikoff était allé voir Roth dans sa librairie, Robinson y entra. Roth alla l'accueillir et Reznikoff, debout dans un coin au fond de la boutique, fut témoin de la scène suivante : désignant fièrement les exemplaires du livre de Reznikoff qui étaient exposés, Roth demanda à Robinson s'il avait lu l'oeuvre du jeune et bon poète. "Ouais, j'ai lu ce livre, répondit Robinson d'une voix rude et hostile, et j'ai trouvé que c'était de la merde." »

Immobiles

On use les choses en étant immobile
Jacques Brel était volubile
Au micro de Jacques Chancel.
Il avait 45 ans.
Avait su s'arrêter au sommet de son art
Se projetait en « *formidable vieillard.* »
Il toucherait sûrement au roman
Irait voir, debout et en mouvement...
Il n'en avait plus pour longtemps.
J'ai 45 ans
Je m'expose rarement
Mais apprécie quelques rayons de soleil

Chaînes

À l'ombre des chênes
Il arrive un temps
Où s'amoncellent les glands

Devant les chaînes
Les adolescents se croient dans le mouvement
Ils y voient leurs parents depuis si longtemps

Trahir

T'avais le temps de t'enfuir
Mais tu as voulu vivre le plaisir de trahir
Déstabilisée submergée
Tu t'es laissée consommer
Il t'a touchée partout
Dans tous les... sens du terme
Tu m'as traîné dans la boue
Tu avais envie de son sperme

Le plaisir de trahir
D'ailleurs jouir
Y'a pas que les mecs
Y 'a pas que dans les romans de Michel Houellebecq

La fin du moi

Bientôt ce sera la fin du moi
Les fins du moi sont toujours difficiles
Ni subvention ni passe-droit
Il faut prendre place dans la file

Bientôt ce sera la fin du moi
Riches comme pauvres quand on y pense on vacille
Certains misent sur la foi
Petite lueur au loin qui brille

Bientôt ce sera la fin du moi
Je vous laisserai quelques ustensiles
Vous penserez parfois à moi
Avant de trouver ça inutile

Bientôt ce sera la fin du moi
Alors vos petites guéguerres bien futiles
Vos médailles en chocolat
Gardez-les pour les crocodiles

Il sera trop tard

Quand la mousson réduira en mousses nos moissons
Quand notre peau se lézardera dès qu'il fera beau
Qu'un voile masquera les étoiles
Et que même les grands bateaux s'englueront dans l'eau

Quand des bunkers vendront des heures de silence
Quand une bouteille d'eau sera plus chère qu'un plein d'essence
Les moustiques tueront d'une seule pique
Et la musique sortira des usines à fric

Quand les termites raseront plus vite qu'la dynamite
Quand en face du fanatisme y'aura plus que le bêtisme
Quand les glaciers auront fondu
Et que Marcel Proust ne sera même plus lu

Trop tard
Il sera trop tard
Les enfants ne pourront croire
Qu'un jour la terre
Fut comme dans les documentaires
Qu'un jour sur terre
Se querellèrent
Rousseau et Voltaire

Décalage

Ici les chiens les chats
Sont rois
Tandis que là-bas
Comme des abeilles
Des gosses fouinent les poubelles
Pas de service vérification
Niveau date limite de consommation

Michel-Edouard

Elle n'en a pas cru un mot
Mais elle sait bien qu'il faut
Passer par la case premier boulot
Elle sera caissière
Chez Michel-Edouard Leclerc
Sûr qu'elle y fera pas carrière
Mais il faut bien parfois
Laisser ses rêves de joie
Au petit vestiaire

Ses rêves

Elle dit au soleil
« Toi va te coucher »
Et merveille des merveilles
Un nuage vient le cacher

Elle prend ses rêves pour la réalité
Je la laisse rêver
Bientôt il faudra
Lui dire que parfois...

Le faire maintenant

Si tu ne le fais pas
Maintenant
Je ne vois pas comment
Tu te le pardonneras
Quand tu auras
Soixante, soixante-dix ans

Les maisons de retraite

Parfois en vieillissant
On voudrait que les gens
Soient plus charmants
Qu'on l'était à 30 ans
Qu'on l'était à 40 ans
Qu'on l'était à 50 ans
Qu'on l'a été tout le temps

Dans les maisons de retraite,
Y'a pas que d'honorables vieillards

Subventionner

Bien plus subtil que la censure
Tenez-les par le bout du nez
Suffit de les subventionner
Et ils raseront les murs

Même le président d'une région
Celui d'un Conseil Général
Financent quelques festivals
Distribuent des subventions

Quand il faut plaire aux extrêmes
Les installés ont leurs rebelles
Ils se gavent à la gamelle
Et bavent contre le système

Pour décerner les subventions
Bien sûr il faut du personnel
C'est au budget culturel
Que les amis émargeront

Bien plus subtil que la censure
Tenez-les par le bout du nez
Suffit d'les subventionner
Et ils raseront les murs

La paix de l'âme

Un jour la télé l'éteindre
Et savoir que c'est
La dernière fois
Qu'elle restera là
Comme une trace d'autrefois
Qu'elle restera là
Comme chez d'autres un vase chinois

Bien plus celui que je serai

Je suis bien plus
Celui que je serai
Que le sosie la poupée russe
De mon passé
Bien plus celui que je serai
Que décalcomanie du passé

Méditation

Dans un monde où l'action
Témoigne de l'ambition
Il semble intolérable
Il est inacceptable
Qu'une voix même pas légitimée par des élections
En appelle à la méditation

Pense aux apparences

Une usine à rêves
C'est plaire ou crève
Une usine à rêves
Où quand on te dit « pense »
C'est pense aux apparences

Où vivent-elles ?

Où vont-elles
Où vivent-elles
Les ombres qui nous émerveillent ?
Connaissez-vous une allée
Où elles se laissent aborder ?
Un site internet
Photo – boîte aux lettres

Encore une nuit sans Toi

Encore une nuit sans toi
Une heure au téléphone
Avant de se dire bonsoir
Ne lis pas trop tard, que tes rêves soient sans cauchemars

Encore une nuit sans toi
T'as parlé d'Amitié
Estime intellectuelle
Cette absence d'attirance physique comme c'est cruel

Encore une nuit sans toi
L'amour qui te fait peur
Je sais bien sûr nos blessures
Et mon air pas sûr de blessé qui se rassure

Encore une nuit sans toi
Pas un ami y croit
Quand j'ose avouer qu'mes nuits
Seront avec toi ou les draps resteront froids

Encore une nuit sans toi
Encore une nuit sans toi
Encore une nuit sans toi

T'étais tout

T'étais tout j'étais jaloux
Cafards à tes retards

J'étais jaloux comme un fou
Surveillant tes regards

Je voulais sentir tes mains
Jamais loin de mes reins

Ça s'arrête un beau matin
Pourquoi on sait pas bien

Ils se brisent tous les liens
Plus envie de câlins

Plus envie de ce chemin
Sans les saveurs soudain

T'es déjà plus qu'un souvenir
T'étais tout l'avenir

Si tu veux sans cri finir
Adieu on va se dire

T'étais tout et t'es plus rien
Comme une flamme qui s'éteint
T'étais tout et t'es plus rien

Les ondes nous inondent

Tout ce qui nuit
Gravement
À la santé
N'est pas forcément
Ecrit
Sur le paquet

Une plante verte

Une plante verte
Dont on change la tête
Une fois par an
Comme c'est marrant
Pour les enfants
Devant leur écran
Ça leur apprend
Le fonctionnement
Du petit monde des grands

La douleur s'évapore

Un jour
La douleur s'évapore
Les causes existent encore
Mais l'esprit est plus fort
L'esprit devient le maître du corps

Un jour
Sans le moindre miracle
Elle cesse la débâcle
C'est sur le long chemin
Etape essentielle d'éveil humain

Un jour
Détaché complètement
Sourire du mot argent
Lâcher peu de paroles
Vivre sans chercher à tenir un rôle

Un jour
À chaque atome, sensible
On dira insensible
C'est ainsi qu'l'extérieur
N'apporte plus ni bonheur ni terreur

Un jour
L'homme comprend l'amour
Un jour
L'homme comprend la mort
Comprendre pourquoi comment...

Le coquelicot

Le coquelicot est-il utile ?

Le poète est-il utile ?

Le fric des subventions

La poésie peut rapporter gros ! Si l'on réussit à placer un dossier de subvention au *Centre National des Lettres*.

Le budget, comme les listes des subventionnés de ce CNL, est une donnée publique… mais il faut fouiner pour les trouver…

En 2011, le budget du CNL était de 45,55 millions d'euros et 187 créateurs littéraires se sont partagés 1 613 500 euros. Donc silence les auteurs, comme ces 187 élus vous pouvez manger au râtelier des aides…

45,55 millions d'euros ! « *Ces recettes proviennent à 79 % de deux taxes, soit 36,06 M€, suivant une courbe tendancielle déjà ancienne à la concentration et qui se continue ici (+ 2 points). La première de ces taxes, portant sur l'édition (0,2% des CA excédant 76 300 €), atteint 5,32 M€, marquant une augmentation conjoncturelle de 5,6 % (soit +0,28 M€) en raison des bons résultats de la filière sur l'exercice. La deuxième, portant sur les appareils de reproduction et d'impression, bénéficie d'une amélioration structurelle de 9,2 % (soit + 2,59 M€) sous l'effet du relèvement de son taux, à partir de 2010, de 2,25 % à 3,25 % : elle atteint ainsi 30,74 M€* »

Donc même l'argent des auteurs inféodés à l'édition classique (les 0,2% des CA excédant 76 300 €, ce sont bien des sommes collectées sur les ventes de leurs livres), ces 5,32 millions d'euros ne reviennent pas aux auteurs... D'autres affectations sûrement plus utiles...

Un système qui met en avant les aides aux auteurs pour mieux se partager 96,5% du budget ! Mais naturellement ce système fonctionne grâce aux écrivains qui vivent sur l'espérance de toucher le jackpot. 28 000 euros, c'est en effet énorme, ça me permettrait de vivre plusieurs années... Le vingtième siècle démontra de manière extrême que toute dictature a besoin de collabos pour tenir. Les systèmes injustes puisent naturellement leur mode de fonctionnement dans cette boue de l'histoire. Le pire, s'il y a pire en la matière, étant que des auteurs-donneurs-de-leçons collaborent ainsi à la pérennité du monstre.

Quant aux 30 millions d'euros des taxes sur les appareils de reproduction et d'impression, il semble scandaleux que les utilisateurs continuent à accepter de les payer, sans même la justification qu'elles servent à la création comme s'en gargarisent les officiels et installés.

« *Décidées par le Président du Centre national du livre, après avis d'une commission ou d'un comité d'experts, les aides mises en œuvre par l'établissement sont exposées de façon détaillée dans le présent bilan, via une présentation par article budgétaire, puis par commission ou type d'accompagnement.* »

Les Bourses ne représentent, certes, en 2011, que 7,1% du budget consacré aux interventions.

9% aux "Activités littéraires" (des "Sociétés des amis d'auteurs" ont ainsi bénéficié de 165 000 euros + 2 474 836 euros aux "Subventions développement vie littéraire")

20,5% Subventions à l'édition (soit 6 027 070 euros)

Aides aux revues 1 124 135 euros.
Aides à la traduction 2 575 424 euros.
Projets spécifiques 178 558 euros.
Subventions à la publication 2 148 953 euros.

Le budget interventions en 2011 fut de 30 859 137 euros. Sur un budget global de 45 millions... Où passent les 15 millions ? En frais de fonctionnement ?

Donc, les bourses destinées aux créateurs littéraires où 187 bénéficiaires se sont partagés 1 613 500 euros. (alors que les 7,1% représentent une dotation finale de 2 133 860 euros... la différence est sûrement... ailleurs...)

Bourse de découverte : 3 500 euros. (47 aides)
Bourse de création : 7 000 euros. (89 aides)
Bourse de création : 14 000 euros. (43 aides)
Année sabbatique : 28 000 euros. (8 aides)

Au rayon poésie :

BENAZET Luc : Projet sans titre (75) 3 500 euros.
BOUQUET Stéphane : Les amours suivants (75) 14 000 euros.
CHAMBARD Claude : Un nécessaire malentendu, V : Tout dort en paix, sauf l'amour (33) 7 000 euros.
COURTADE Fabienne : Le livre à venir (75) 28 000 euros.
COURTOUX Sylvain : Stilnox et Poète, c'est crevé (87) 7 000 euros.
CREMER Stéphane : Compost / Composta poème traduit en portugais du Brésil (75) 7 000 euros.
DEMANGEOT Cédric : Une inquiétude (09) 14 000 euros.
DIESNER Sébastien : Pamela (Belgique) 7 000 euros.
DOYEN Franck : Littoral (54) 7 000 euros.
DUMOND Frédéric : Attracteurs étrangers (93) 3 500 euros.
FUSTIER Romain : Mal de travers Infini de poche (03) 7 000 euros.
GRIOT Fred : UUuU (75) 7 000 euros.

JOURDAN Michel : Passerelles en brins de raphia vers d'incertains campements (34) 7 000 euros.
KAWALA Anne : Limites (75) 7 000 euros.
LAABI Abdellatif : Recueil de poésie (94) 14 000 euros.
LE CAM Claire : Quand les seins rebondissent et que brame le cerf (93) 3 500 euros.
LE DEZ Mérédith : Couteau de la nuit (22) 3 500 euros.
LEBRUN Guillaume : Sans titre (75) 3 500 euros.
LOIZEAU Sophie : La femme lit écrit (78) 7 000 euros.
MARTINEZ Cyrille : Jeune artiste poète inédit Un homme à la batterie (75) 7 000 euros.
MWANZA MUJILA : Fiston Le fleuve dans le ventre (Autriche) 3 500 euros.
PADELLEC Lydia : Poètes. Anthologie de poésie contemporaine (40 poètes) associée à des poèmes de l'auteure (78) 3 500 euros.
PENNEQUIN Charles : Trou type (59) 14 000 euros.
RANNOU Franck : Rapt (35) 7 000 euros.
ROUSSET Marie-Claude : Conversation avec plis (63) 14 000 euros.
ROUZEAU Valérie : Autoportrait(s) avec ou sans moi (93) 28 000 euros.
STUBBE Gwenaëlle : Mater est filius (75) 14 000 euros.

SUCHERE Éric : Deux projets : Mystérieuse et Time capsule (75) 7 000 euros.
TARDY Nicolas : Paysage avec caméras (13) 7 000 euros.
TSAKANIKAS-ANALIS Demetre : Les hommes, le temps, les lieux (Grèce) 7 000 euros.
VILGRAIN Bénédicte : Une grammaire tibétaine : du chapitre 9 au chapitre 10 (21) 7 000 euros.

Ces 31 bénéficiaires en Poésie se sont partagés 276 500 euros.

Ta petite main

*Ta petite main dans la mienne
Et pourtant mine de rien
C'est bien la tienne
Qui nous soutient*

Il existe une chanson « *ta petite main* »,
http://www.chansons.org

1991-2011

1991 : *Eternelle Tendresse*
Dédié : *à Toi...*

Qu'est-elle devenue ?
Je ne l'ai jamais revue
Même vêtue.

On sait tout avec le net ?
Il suffit d'une requête.

Elle est tombé dans « le piège »
Aime-t-elle encore la neige ?

Je n'en suis même pas surpris.
C'est compliqué la vie.
On finit par payer cher
Ce que l'on n'ose pas faire...

Nos routes se sont croisées.

Un grain de poussière

Tu te vois
Tu te crois
Un grain de poussière
Emporté par les vents d'automne
Alors que nous sommes
Des graines de Lumière

Audience

Faut du piston ou de la chance
Dans le grand jeu de l'audience
Faut plaire aux intermédiaires
Payés par les publicitaires

Liberté

Liberté
Egalité
Fragilité de la République

Liberté
Egalité
À condition d'hériter

Liberté
Egalité
Plus les lois seront compliquées
Plus les pauvres devront se coucher

Liberté
Egalité
Quatrième pouvoir que la presse
Indépendante des grandes messes

Liberté
Egalité
Le patron de la Dépêche du Midi
Est président d'un parti

Liberté
Egalité
Il faut vivre de très peu
Pour ne pas entrer dans leur jeu

Ces petits vieux

À quoi pensent
Les petits vieux ?
Les p'tits vieux qui jouent aux boules
Là-bas au bout des bancs

Sont-ils heureux ?
Encore à deux ?
Ça veut dire quoi être heureux ?
Aucun jour d'ennuyeux ?

C'est Tentant

C'est tentant de vouloir rejouer
Avec la vie du soir renouer
Après quelques déchéances
Rejouer l'adolescence

Pourquoi tout c'qui est passé trop vite
Ne pas essayer d'y donner suite
Oui ne pas au moins essayer
De n'pas ajouter un regret

Voir la vie comme les moins de vingt ans
Puisque vingt ans ne fut même pas
La fin de notre très bon temps
Même si parfois on le prétend

Il était déjà dans la tête
Ce boulot à bientôt s'y mettre
On ne savait pas notre chance
J'ai raté l'adolescence

C'est tentant de vouloir rejouer
Avec la vie du soir renouer
Après quelques déchéances
Envisager la renaissance

Tout c'qui dans le passé a raté
Pourquoi pas l'aborder autrement
Que d'histoires par timidité
Même pas vu le commencement

J'entends déjà la voix des prudents
Tu sais chaque bon moment n'a qu'un temps
Tu serais regardé dévergondé
Comme un vieux, un vieux pour ces lieux

C'est tentant de vouloir rejouer
Avec la vie du soir renouer
Après quelques déchéances
Rejouer l'adolescence

Tout c'que les échecs nous ont fait voir
Je vais te dire, c'est tentant de croire
C'était pas souffrance inutile
C'est pour le bonheur d'une fille...

C'est tentant de vouloir rejouer
Avec la vie du soir renouer
Après quelques déchéances
Envisager la renaissance

Michel Houellebecq

Depuis son prix Goncourt, la poésie de Michel Houellebecq intéresse même Philippe Labro ! Édifiant numéro de présentation du vieil homme...

Le titre : "*Michel Houellebecq est un poète, vous le saviez ? Moi non plus !*" annonce une chronique vocale sur *Le Point*.

Le 30 mars 2013, il débutait avec une petite ironie par « *Houellebecq, ça vous dit encore quelque chose quand même (...) depuis pratiquement deux ans plus un mot, plus rien* ». Et annonce la sortie de "*Configuration du dernier rivage*", le 17 avril, une centaine de poèmes...

« *On a la sensation que Michel Houellebecq a vécu sans doute une histoire d'amour dont il n'est pas sorti forcément en très bon état. Mais c'est très bien écrit...* » Ses commentaires témoignent effectivement qu'il semble avoir découvert l'auteur après sa récompense littéro-mondaine.

« *C'est un poète, Houellebecq, vous le saviez ? Moi je ne le savais pas.* » Il a même chanté sa poésie, monsieur !

Pédantisme de notable médaillé : « *on sent parfois une influence aragonienne, une musique qui ressemble un peu à Aragon mais on revient un peu à l'univers de Houellebecq, la sexualité, les femmes.* »

Il y a pourtant eu *Rester vivant*, en 1997, dans lequel j'ai souvent puisé des analyses, comme :
« Développez en vous un profond ressentiment à l'égard de la vie. Ce ressentiment est nécessaire à toute création artistique véritable.

Survivre est extrêmement difficile. On pourra penser à adopter une stratégie à la Pessoa : *trouver un petit emploi, ne rien publier, attendre paisiblement la mort.*
En pratique, on ira au devant de difficultés importantes : sensation de perdre son temps, de ne pas être à sa place, de ne pas être estimé à sa vraie valeur... tout cela deviendra vite insoutenable. L'alcool sera difficile à éviter. En fin de compte l'amertume et l'aigreur seront au bout du chemin, vite suivies par l'apathie, et la stérilité créatrice complète.

Dites-vous bien qu'en règle générale il n'y a pas de bonne solution au problème de la survie matérielle ; mais il y en a de très mauvaises.
Le problème du lieu de vie ne se posera en général pas ; vous irez ou vous pourrez.

Essayez simplement d'éviter les voisins trop bruyants, capables à eux seuls de provoquer une mort intellectuelle définitive.
Une petite insertion professionnelle peut apporter certaines connaissances, éventuellement utilisables dans une oeuvre ultérieure, sur le fonctionnement de la société. Mais une période de clochardisation, où l'on plongera dans la marginalité, apportera d'autres savoirs. L'idéal est d'alterner. »

J'ajoute : essentiels, le lieu de vie, et avec qui.

Dans le roman "*Viré, viré, viré, même viré du Rmi*" j'écrivais :

« *Les mécanismes de solidarité sociale (allocation chômage, etc) devront être utilisés à plein, ainsi que le soutien d'amis plus aisés. Ne développez pas de culpabilité excessive à cet égard. Le poète est un parasite sacré.* »
Merci Jérôme Garcin, dans son habit d'animateur du *Masque et la plume*, d'avoir présenté Michel Houellebecq d'une manière me persuadant d'y dénicher les mots qu'il me fallait.
Rester vivant (et autres textes), 10 francs en *Librio*, devient ma référence. Enfin, les onze premières pages, une « justification littéraire. »

Si je suis d'accord pour profiter pleinement de solidarités sociales, avoir des amis, même pour les plumer, exige trop d'engagement. Pourquoi pas poète !

« Dites-vous bien qu'en règle générale il n'y a pas de bonne solution au problème de la survie matérielle ; mais il y en a de très mauvaises. »

Vivre de peu, profiter au maximum des achats remboursés (plusieurs Rib, donc certains falsifiés) et surtout apparaître plus pauvre que l'on est, ne pas effectuer de dépenses avant qu'elles ne soient indispensables. Si le toit d'une dépendance cède ne surtout pas donner au couvreur du coin le petit pécule peut-être un jour vital. Seul est sacré le toit de la maison.

Le malheur des autres

Quand on se dit "je n'y peux rien"
On passe son chemin
Un instant on se sent pas très bien
Mais la bonne humeur revient

Privilèges ?

Y'a des concours rien que pour toi
Des promotions rien que pour toi
Sous réserve d'acceptation par le service bancaire
Avis d'imposition ou bulletin de salaire

On ouvre une caisse rien que pour toi
Des bons d'achat rien que pour toi
Pour avancer faut le pass comme ailleurs le passeport
Faut être de la bonne classe qu'la direction adore

On parle encore d'égalité
Mais entre les privilégiés
La peur des centrales d'achat fait taire les producteurs
Les actionnaires sont rois les clients simples payeurs

Si t'es friqué c'est moins cher
Si t'as le beau plumage
T'as droit aux avantages
Dans leurs supers hypers

Les gens qui comme moi...

Tu te désespères
Tu te dis
"Personne pense comme moi
Personne pour s'entendre"
Avec moi
Avec moi

Alors tu t'enfermes
Dans tes cris
Tes petites joies
Tu crois comprendre
C'est comme ça
Ici-bas

Mais
Si tu fais les choses
Que tu aimes vraiment
Tu finiras
Forcément
Pas croiser les gens
Qui comme toi
Veulent vivre
Autrement
Qui comme toi
Veulent vivre
Autrement

Si je fais les choses
Que j'aime vraiment

Un jour viendra
Forcément
Je crois'rai les gens
Qui comme moi
Veulent vivre
Autrement
Qui comme moi
Veulent vivre
Autrement

Tu vois plus personne
Tu grossis
Tu te dis parfois
À quoi bon attendre
Rester-là
Rester-là

Par terre tu t'allonges
Tu t'ennuies
Un livre traîne-là
À quoi bon apprendre
Tu vois pas
Non pourquoi

Mais
Si tu fais les choses
Que tu aimes vraiment
Tu finiras
Forcément
Pas croiser les gens
Qui comme toi

Veulent vivre
Autrement
Qui comme toi
Veulent vivre
Autrement

Si je fais les choses
Que j'aime vraiment
Un jour viendra
Forcément
Je crois'rai les gens
Qui comme moi
Veulent vivre
Autrement
Qui comme moi
Veulent vivre
Autrement

Bye bye

Avec « travail »
Dans mon dictionnaire d'anti déprime
Y'a qu'une seule rime
« bye bye »

Mais je travaille nettement plus que durant les cinq années de ma vie dans un bureau Groupama.

Hexagone tropical

Dans quelques décennies
En plein coeur de Paris
Les enfants des grands ânes
Récolteront des bananes
Durant quelques décennies
Y'aura d'la joie sur les étals
Dans l'hexagone tropical

Toujours un après

Y'a toujours un après
Après qu'on se soit égaré.
Une heure où il faut bien rentrer
Essayer de laisser dans le noir
Les miroirs

La vie virtuelle

Elle se dit souvent
Que la vie virtuelle
Est vraiment
La moins cruelle
Elle se dit souvent
Que la vie virtuelle
Est celle
Où le piment
Survient le plus souvent

Plus tu t'éloignes

Tandis que tombent dans l'oubli
Les visages croisés aujourd'hui
Plus tu t'éloignes
Plus tu, m'accompagnes

La douleur s'évapore

Un jour
La douleur s'évapore
Les causes existent encore
Mais l'esprit est plus fort
L'esprit devient le maître du corps

Un jour
Détaché complètement
Sourire du mot argent
Lâcher peu de paroles
Vivre sans chercher à tenir un rôle

Les jours sans amour

Les jours
Sans amour
Au moins
Ne pas perdre son temps
Avec quelqu'un
De si différent
Qu'il déteint
Forcément

Les jours
Sans amour
Écrire
De bonnes résolutions
Enfin détruire
Les pires illusions
Et franchir
Quelques ponts

Les jours
Sans amour
Vivre
Pour le mieux chaque instant
Avec les livres
Vaguer doucement
Vers les rives
Du bon temps

Sous le feu de l'action

Si on prenait l'temps d'y réfléchir
On verrait bien que c'est pour rire
Pourtant on va le dire
Le dire sans même mentir
Sous le feu de l'action
Quand tout n'est plus qu'émotions
Les mots qui vont jaillir
Ils seront aussi du plaisir

« Je t'aime pour la vie »

Si je parle de toi un jour

Y'aura toujours
Des vibrations suspectes
Si je parle de toi un jour
Sache comme je te respecte
Sache au moins
Que du chagrin
Il n'en vient
Que du... toujours un peu plus humain
Toujours un peu plus humain
Un peu plus martien

Un junkie de l'Amour

J'suis qu'un junkie de l'Amour
J'vois plus passer les jours
Pas de méthadone
Quand l'Amour t'abandonne
La lumière on l'a vue
T'en est revenue
Ça peut durer cent-vingt-cinq saisons
Une cure de désintoxication

Autre chose que de l'amour

Elle a cru
Que ça cachait quelque chose
Quand je lui ai offert des roses
Elle a vu
Autre chose que de l'amour
De ces choses qu'on voit tous les jours

Quand on a fini d'aimer

Quand on a fini d'aimer
Quand on sait que l'amour
Se conjugue au passé
On regarde passer les jours

Quand on a fini d'aimer
On cherche la solution
Pour au moins pas pleurer
Pour éviter les questions

Quand on a fini d'aimer
Non on ne peut maudire
On n'peut que regretter
Et aimer ses souvenirs

Quand on a fini d'aimer
On nous croit misogyne
Ou un peu névrosé
Ou bien pire que Marylin

Quand on a fini d'aimer
On est plus de ce monde
On a besoin de planer
Qu'une ombre nous réponde

Quand on a fini d'aimer
Qu'on soit consommateur
Ou qu'on reste enfermé
On tremble quand passe le facteur

Quand on a fini d'aimer
Quand c'est fini d'aimer
Quand c'est fini d'aimer
Parfois y'a plus qu'à chanter

La cassure irréparable

Comme au temps de l'école
On voudrait la mettre sur la table
Et prendre un tube de colle
La cassure irréparable

Faute d'amour

Faute d'amour
On va boire un verre

Faute d'amour
On en boit une paire

Faute d'amour
Quelques émotions

Faute d'amour
Des p'tites illusions

Faute d'amour
Donne un psychotrope

Faute d'amour
Allez passe une clope

Faute d'amour
J'écris des chansons

Faute d'amour
J'regarde les poissons

Faute d'amour
On rêve de l'Afrique

Faute d'amour
Y'a les rêves lubriques

Faute d'amour
J'me f'rais bien bouddhiste

Faute d'amour
Les joies du touriste

Faute d'amour
On fait d'ces conneries

Faute d'amour
On oublie la vie

Faute d'amour
Ressers-moi un verre

Faute d'amour
On ne sait plus plaire

Gallimard !

Certes il existe des livres de poésie publiés par Gallimard !
La maison Gallimard est même fière d'annoncer que durant sa longue histoire 63 auteurs furent publiés en « POÉSIE / GALLIMARD » de leur vivant (sans compter les anthologies) : Adonis, Andrade, Aragon, Bobin, Bonnefoy, Borges, Bosquet, Boulanger, Butor, Caillois, Césaire, Char, Cheng, Darwich, Deguy, Du Bouchet, Dupin, Follain, Fombeure, Frénaud, Gaspar, Glissant, Goffette, Grosjean, Guillevic, Holappa, Jabès, Jaccottet, Janvier, Jouve, Júdice, La Tour du Pin, Leiris, Luca, Macé, Mallet, Morand, Neruda, Noël, Novarina, Oster, Paz, Pichette, Pieyre de Mandiargues, Ponge, Queneau, Ramos Rosa, Ray, Réda, Roche, Roubaud, C. Roy, Sabatier, Saint-John Perse, Schehadé, Soupault, Stéfan, Tardieu, H. Thomas, Torreilles, Valente, Velter, Verheggen, K. White, Yourcenar.
Combien encore vivants ?

La poésie peut même se vendre. La maison Gallimard possède 10 titres ayant dépassé les 175 000 exemplaires. Certes, sans le nombre d'achats imposés par l'éducation nationale, les chiffres seraient "sûrement" moindre : *Alcools* de Guillaume Apollinaire, *Les Fleurs du mal* de Charles Baudelaire, *Capitale de la douleur* de

Paul Éluard, *Poésies* d'Arthur Rimbaud, *Le Parti-pris des choses* de Francis Ponge, *Calligrammes* de Guillaume Apollinaire, *Le Roman inachevé* d'Aragon, *Fêtes galantes* de Paul Verlaine, *Éloges* de Saint-John Perse, *Poésies* de Paul Valéry.

Même si votre lectorat ne dépasse pas 100 ou 200, vous pouvez vous lancer dans l'édition numérique de poésie, sans risque financier.

On s'emmêle

On se connaît sous pseudonymes
Dans le monde virtuel
On se donne rendez-vous dans le réel
Synonyme
De sexuel

Après quelques e-mails
On s'emmêle
On emmêle

Vous trouvez ça décadent
C'était mieux y'a vingt ans
T'es sûr que c'était mieux de picoler
Avant
De s'enrouler ?

Après quelques e-mails
On emmêle
On emmêle

Plusieurs vies

On n'signe rien, on s'offre des roses
On partage tout et pas grand-chose
Ça dure le temps qu'on s'amuse
Que ça use, que l'un ruse

Eh oui, nous vivons plusieurs vies
Une belle histoire, une grande déprime
Et un jour elle revient l'envie
De chercher à l'Amour... des rimes

Notre exigence d'un peu de magie
Ne plaît pas à tout le monde
On sent poindre des nostalgies
Se répandre de mauvaises ondes

C'était l'bon temps, quand les parents
Ou plutôt le chef de famille
Avec un autre chef de sa ville
Figeait le destin des enfants

Mais nous, nous vivons plusieurs vies
Une belle histoire, une grande déprime
Et un jour elle revient l'envie
De chercher à l'Amour... des rimes

La femme, une bonne ménagère
L'époux, un pion au bon salaire
La guerre se gère entr' quatre murs
Combattre quelle grande aventure

Alors plutôt pas insister
Quand Cupidon a déserté
Ça dure le temps qu'on s'amuse
Que ça use, que l'un ruse

Oui nous, nous vivons plusieurs vies
Une belle histoire, une grande déprime
Et un jour elle revient l'envie
De chercher à l'Amour... des rimes

Anna Karénine

Elle dit qu'elle veut simplement de l'amour
Que c'est le seul piment à ses jours
Elle n'a pas lu Anna Karénine
Mais je sais qu'elle la devine

Patricia

Elle pense à quoi
Patricia
Quand on lui dit tout bas
Je rêve de toi...
Elle pense à quoi
Patricia
Dans ces cas-là ?

Est-ce qu'une vraie star peut voir
Dans un regard
Autre chose que l'envie
D'avoir une star dans son lit ?

Paul Auster

Je pose *le livre des illusions* de Paul Auster
Je me lève et vais jusqu'au frigo chercher une bière
Je l'ouvre et repars avec elle et un grand verre
En passant près du figuier ma pensée s'éclaire

Je me revois dans un bureau
Il y faisait nett'ment moins beau
Si j'étais resté salarié
Je serais un type déprimé

Mais aurais-je vraiment survécu
Aurais-je pu marcher dans cette glue
Certains m'ont dit totalement fou
Ils prennent des congés au mois d'août

J'ai fini ma bière je reprends mon Paul Auster
Encore une histoire qui remet les pieds sur terre
Elle ne changerait pas la vie d'un endormi
Mais elle va conforter ma recherche d'harmonie

Fruit ?

Même cueilli beaucoup trop tôt
Même après des mois dans un frigo
Un fruit indigne de ce nom
S'appelle toujours un fruit dans les rayons

Les fruits cueillis encore fades
Seront conservés en chambre froide
Jusqu'à l'arrivée des pigeons
C'est pas bon mais ça rapporte du pognon

Ces gens qui s'ennuient

Y'a des gens qui s'ennuient
Au point de passer leurs soirées devant une télé

Y'a des gens qui s'ennuient
Au point d'entrer dans un bistrot dès le matin

Y'a des gens qui s'ennuient
Parfois ils se confient, s'avouent déprimés

Y'a des gens qui s'ennuient
Ils épluchent les annonces sur le bon coin

Mauvaise cible et grande hypocrisie

On nous fait croire que l'ennemi
C'est la maladie
Mais le véritable ennemi
C'est ce qui cause la maladie

Nuages toxiques et pesticides
Ondes qui nous inondent
Dioxines et autres pollutions
Même l'uranium dans les poissons

Comme tout le monde est concerné
Aidez la recherche
Mais continuez à consommer
Faut que la croissance reparte en flèche

Déclarer la guerre au cancer
Sans changer la vie
C'est comme se servir d'une cuillère
Pour arrêter l'intempérie

Des milliards pour le cancer
Mais mille fois plus pour empoisonner la terre
Des milliards pour Eisheimer
Tandis qu'les assassins font leur beurre

Le nouveau chemin

Ce n'est pas forcément
Le monde qui aura changé
Ce n'est pas l'arrivée des mutants
Mais ton regard va dévier
Vers plus d'essentiel
Ou plus de superficiel
Et les autres vont dévier autrement
S'éloigneront doucement

Les copains d'avant
On peut parfois leur parler
De moins en moins souvent on se comprend
Le sens des mots a changé
C'est une maladie
De sombrer en nostalgie
Regarder le passé tendrement
T'empêche de vivre le présent

Reprendre mon envol

Reprendre mon envol
Même si mes ailes
Couvertes de colle
Font sourire les hirondelles

Le temps

Le passé contamine le présent
Uniquement si je le laisse passer devant
Chaque matin ma vie recommence
Chaque matin je pense et je danse

J'ai compris où se vit la vraie vie
Je peux infiniment penser à l'infini
Mais mon temps est bel et bien fini
Pas le temps pour la monotonie

Si je perds mon bien le plus précieux
Comment pourrai-je sereinement fermer les yeux
Le temps qui m'appartient n'est qu'a moi
Je le donne rarement mais parfois

Les mésaventures
font parti de l'aventure
Je ne laisserai aucune blessure
Me priver du moindre instant
Me casser mon élan

Dépenser moins pour travailler moins

Dépenser moins
Pour travailler moins
Même si mon astuce
Ne plaît pas aux gugusses

Dépenser moins
Pour vivre un peu plus
Sortir du train-train
Retrouver la joie du bus

Faut de la croissance
Disent les prospectus
Je cherche du sens
Un peu comme Confucius

Tomber mais vivre debout

Je tomberai de très haut
Je tomberai d'un escabeau
Je tomberai d'un tabouret
Et même d'un marche-pied

Mais je resterai debout
Vivre debout et sourire
Pas le temps de m'engluer jusqu'au cou
Vivre debout repartir
Vivre tout
Vivre jusqu'au bout

Je tomberai sur des fous
Sur des paranos des jaloux
Des psychotiques anorexiques
Revenus d'leur Amérique

Mais je resterai debout
Vivre debout et sourire
Pas le temps de m'engluer jusqu'au cou
Vivre debout repartir
Vivre tout / Vivre jusqu'au bout

Y'aura des sens interdits
Des impasses des nuits d'insomnies
Mais y'aura toujours d'la lumière
Dans mon regard bleu-vert

Oui je resterai debout
Vivre debout et sourire
Pas le temps de m'engluer jusqu'au cou
Vivre debout repartir
Vivre tout / Vivre jusqu'au bout

Visions

Vision humaine
Vison d'humains.
Derrière des bouquins
Tandis que des badauds se promènent

J'en vendrai peut-être quelques-uns
Si débarquent des martiens
Quelques mots échangés en trois heures
Ce ne sont que des téléspectateurs

Des illusions folles

Des illusions folles
Des rêves qui m'isolent
Et pourtant me relient
Aux hommes aux femmes vraiment en vie
Envie de vie à tout instant
Envie de vie au présent

Conso inutile

Elle aime pas mon look
Elle me traite de plouk
Moi je m'en fous
Je suis des sous marques à trous

Faut être à la mode
Madame conso rôde
Elle te fait croire
Qu'avoir c'est mieux que savoir

Si t'as pas le look
Ils te traitent de plouk
Casse-toi conso
Je réponds à ces blaireaux

Tellement
D'achats inutiles
Tellement
De déplacements futiles
Tellement de vent dans nos vies d'ovnis
Tourments tourmentent nos vies tourmentées

La vie, titre définitif

Même sans être éternelle
La vie est trop belle
Pour la détruire la raccourcir
Que ce soit en excès d'étincelles
En retombées radioactives
En pesticides...

Dédié à Jack-Alain Léger
http://www.ecrivain.ws

Le seuil de tranquillité

J'ai vécu
Sous le seuil de pauvreté
Puis j'ai connu
Des jours de tranquillité
Là j'ai vu
Comment vivaient
Ceux qui gagnaient toujours plus

Au dessus
Du seuil de tranquillité
Plus tu gagnes plus tu veux gagner

Au seuil de tranquillité
Faut savoir s'arrêter
Savoir s'y maintenir

Sérénité à distance des grands désirs
Au seuil de tranquillité

Consommer
Pas plus que de nécessaire
Les déchirer
Leurs slogans publicitaires
Protéger
Not' coin de terre
Viv' dans la réalité

Travailler
Pour gagner ce qu'il faut
Et s'arrêter
Discerner le vrai du faux
Refuser
Métro boulot
Primes de rentabilités

*Au dessus
Du seuil de tranquillité
Plus tu gagnes plus tu veux gagner*

*Au seuil de tranquillité
Faut savoir s'arrêter
Savoir s'y maintenir*

*Sérénité à distance des grands désirs
Au seuil de tranquillité*

Savoir dire
J'ai ce qu'il me faut tu sais
Savoir sourire
Quand on veut t'impressionner
Et dormir
Sans les p'tits cachets
De ceux qui doivent réussir

J'ai vécu
Sous le seuil de pauvreté
Puis j'ai connu
Des jours de tranquillité
Là j'ai vu
Comment vivaient
Ceux qui gagnaient toujours plus

*Au dessus
Du seuil de tranquillité
Plus tu gagnes plus tu veux gagner*

*Au seuil de tranquillité
Faut savoir s'arrêter
Savoir s'y maintenir*

*Sérénité à distance des grands désirs
Au seuil de tranquillité*

Tant de croyances

C'est d'abord au Père Noël qu'on nous fait croire
Puis vient St Nicolas et le Père Fouettard
Des cloches apportent du chocolat
C'est le bonheur dans l'au-delà

Sur son cheval blanc viendra le prince charmant
Sauf si tu prends un loup-garou comme amant
Des fées ont une baguette magique
Pour le bonheur il faut du fric

On passe des superstitions aux croyances
On se croit maudit ou qu'on a d'la chance
Faute de savoir croire en soi
Dans du baratin on se noie

Il faut croire
Qu'on a besoin de croire
On se fait avoir
Mais rien ne sait nous guérir
Pas même nous aguerrir

Un bureau

J'étais un bureaucrate
À la sorti d'*Eternelle Tendresse*
J'étais le seul sans cravate
Mais me sentais tenu en laisse.

Ce fut un recueil rentable
Achats comme on dit de sympathie
Nous avions des vies confortables
Mais était-ce vraiment une vie ?

Devant le minuscule bureau de mon Quercy
Passent les plus beaux des papillons
Il n'y aura aucun achat de sympathie
Je n'ai investi que du temps et des émotions

L'auteur.

De 1991 à 1999 cinq livres furent publiés sous le nom "Jean-Luc Petit", ainsi qu'une documentation auto-imprimé.

L'ensemble est disponible en numérique :

- *Auto-édition autopublication : faire soi-même, être auteur-éditeur* publié le 24/01/2012 (la documentation, actualisation du document imprimé en 1998, constitue la meilleure vente de ce catalogue)

- *Arthur et Autres Aventures* publié le 06/01/2012
- *Eternelle Tendresse* publié le 17/12/2011
- *Assedic Blues, Bureaucrate ou Quelques centaines de francs par mois* publié le 29/10/2011
- *Liberté, j'ignorais tant de Toi* publié le 21/09/2011
- *Chansons d'avant l'an 2000,* publié le 28/08/2011

C'est sous le nom de Stéphane Ternoise que continua la route principale, avec quelques sentiers sous des pseudonymes plus ou moins transparents...

Stéphane Ternoise

Né en 1968, il publie depuis 1991, d'abord sous son nom de naissance puis sous divers pseudonymes, éditeur indépendant depuis son premier livre.

Dès 2004, il a proposé des livres numériques, en PDF. Mais c'est en 2011 seulement que les ventes dématérialisées ont démarré. Son catalogue numérique (depuis mi 2011 distribué par *Immateriel*) a ainsi rapidement dépassé celui du papier, grâce à des essais, des livres de photos... tout en continuant la lente écriture dans les domaines du théâtre et du roman. Depuis octobre 2013, et son « identifiant fiscal aux États-Unis », son catalogue papier tend à rattraper celui en pixels.

Il convient donc de nouveau d'aborder l'auteur sous le biais de l'œuvre. Ainsi, pour vous y retrouver, http://www.ecrivain.pro essaye de fournir une vue globale. Et chaque domaine bénéficie de sites au nom approprié :
http://www.romancier.org
http://www.parolier.org

http://www.essayiste.net

http://www.dramaturge.fr
http://www.lotois.fr

Vous pouvez légitimement vous demander pourquoi un auteur avec un tel catalogue ne bénéficie d'aucune visibilité dans les médias traditionnels. L'écriture est une chose, se faire des amis utiles une autre !

Catalogue

Romans : (http://www.romancier.org)
Le Roman de la révolution numérique également sous le titre *Un Amour béton*
Ils ne sont pas intervenus (le livre des conséquences) également sous le titre *Peut-être un roman autobiographique*
La Faute à Souchon ? également sous le titre *Le roman du show-biz et de la sagesse (Même les dolmens se brisent)*
Liberté, j'ignorais tant de Toi également sous le titre *Libertés d'avant l'an 2000*
Viré, viré, viré, même viré du Rmi
Quand les familles sans toit sont entrées dans les maisons fermées

Edition (http://www.auto-edition.com)
Le guide de l'auto-édition, papier et numérique
Le manifeste de l'auto-édition - Manifeste politico-littéraire pour la reconnaissance des écrivains indépendants et une saine concurrence entre les différentes formes d'édition
Écrivains, réveillez-vous ! - La loi 2012-287 du 1er mars 2012 et autres somnifères
Le livre numérique, fils de l'auto-édition
Réponses à monsieur Frédéric Beigbeder au sujet du Livre Numérique (Écrivains= moutons tondus ?)
Comment devenir écrivain ? Être écrivain ? (Écrire est-ce un vrai métier ? Une vocation ? Quelle formation ?...)

Copie privée, droit de prêt en bibliothèque : vous payez, nous ne touchons pas un centime - Quand la France organise la marginalisation des écrivains indépendants
Alertez Jack-Alain Léger !

Théâtre : (http://www.dramaturge.fr)
La baguette magique et les philosophes
Neuf femmes et la star
Avant les élections présidentielles
Les secrets de maître Pierre, notaire de campagne
Deux sœurs et un contrôle fiscal
Ça magouille aux assurances
Pourquoi est-il venu ?
Amour, sud et chansons
Blaise Pascal serait webmaster
Aventures d'écrivains régionaux
Trois femmes et un amour
Chanteur, écrivain : même cirque
« Révélations » sur « les apparitions d'Astaffort » Brel / Cabrel (les secrets de la grotte Mariette)
J'avais 25 ans

Pour troupes d'enfants :
Les filles en profitent
Révélations sur la disparition du père Noël
Le lion l'autruche et le renard
Mertilou prépare l'été
Nous n'irons plus au restaurant
Recueils :
Théâtre peut-être complet
La fille aux 200 doudous et autres pièces de théâtre pour enfants
Théâtre pour femmes

Chansons : (http://www.parolier.info)
Chansons trop éloignées des normes industrielles
Chansons vertes et autres textes engagés
Parodies de chansons - De Renaud à Cabrel En passant par Cloclo et Jacques Brel
Chansons d'avant l'an 2000
Vivre Autrement (après les ruines), l'album invisible...

Photos : (http://www.france.wf)
Cahors, 42 inscriptions aux Monuments Historiques
La disparition d'un canton : Montcuq
Montcuq, le village lotois
Cahors, des pierres et des hommes. Photos et commentaires
Limogne-en-Quercy Calvignac la route des dolmens et gariottes
Saint-Cirq-Lapopie, le plus beau village de France ?
Saillac village du Lot
Limogne-en-Quercy cinq monuments historiques cinq dolmens
Beauregard, Dolmens Gariottes Château de Marsa et autres merveilles lotoises
Villeneuve-sur-Lot, des monuments historiques, un salon du livre... -Photos, histoires et opinions
Henri Martin du musée Henri-Martin de Cahors - Avec visite de Labastide-du-Vert et Saint-Cirq-Lapopie sur les traces du peintre
L'église romane de Rouillac à Montcuq et sa voisine oubliée, à découvrir - Les fresques de Rouillac, Touffailles et Saint-Félix
Cajarc selon Ternoise

Livres d'artiste (http://www.quercy.pro)
Quercy : l'harmonie du hasard
Lot, livre d'art
Montcuq, livre d'art
Quercy Blanc, livre d'art
Montaigu de Quercy, livre d'art

Quercy : l'harmonie du hasard
La beauté des éoliennes
Golfech, c'est beau un village prospère à l'ombre d'une centrale nucléaire
Jésus, du Quercy

Essais (http://www.essayiste.net)
Ya basta Aurélie Filippetti !
Amour - état du sentiment et perspectives
Contrairement à Gérard Depardieu, dois-je quitter la France ?
Cahors, municipales 2014 : un enjeu départemental majeur
Quand Martin Malvy publie un livre : questions de déontologie

Politique : (http://www.commentaire.info)
Ce François Hollande qui peut encore gagner le 6 mai 2012 ne le mérite pas
Nicolas Sarkozy : sketchs et Parodies de chansons
Bernadette et Jacques Chirac vus du Lot - Chansons théâtre textes lotois
Affaire Ségolène Royal - Olivier Falorni Ce qu'il faut en retenir pour l'Histoire - Un écrivain engagé, un observateur indépendant
François Fillon, persuadé qu'il aurait battu François Hollande en 2012, qu'il le battra en 2017

Notre vie (http://www.morts.info)
La trahison des morts : les concessions à perpétuité discrètement récupérées - Cahors, à l'ombre des remparts médiévaux, les vieux morts doivent laisser la place aux jeunes...
Cahors : Adèle et Marie Borie contre Jean-Marc Vayssouze-Faure - Appel à une mobilisation locale et nationale pour sauver les soeurs Borie...

Jeux de société
http://www.lejeudespistescyclables.com

La France des pistes cyclables - Fabriquer un jeu de société pour enfants de 8 à 108 ans
Le bon chemin pour Saint-Jacques-de-Compostelle

Divers :
La disparition du père Noël et autres contes
J'écris aussi des sketchs
Vive les poules municipales... et les poulets municipaux - Réduire le volume des déchets alimentaires et manger des oeufs de qualité
Le Martyr et Saint du 11 septembre : Jean-Gabriel Perboyre

En chti : (http://www.chti.es)
Canchons et cafougnettes (Ternoise chti)
Elle tiote aux deux chints doudous (théâtre)

Œuvres traduites (http://www.traducteurs.net)
La fille aux 200 doudous :
- *The Teddy (Bear) Whisperer* **(Kate-Marie Glover)**
- Das Mädchen mit den 200 Schmusetieren (Jeanne Meurtin)

- Le lion l'autruche et le renard :
- How the fox got his cunning (Kate-Marie Glover)

- Mertilou prépare l'été :
- The Blackbird's Secret (Kate-Marie Glover)

- *La fille aux 200 doudous et autres pièces de théâtre pour enfants (les 6 pièces)*
- La niña de los 200 peluches y otras obras de teatro para niños (María del Carmen Pulido Cortijo)

Chansons - Cds : (http://www.chansons.org)
Vivre Autrement (après les ruines)
Savoirs
CD Sarkozy selon Ternoise (parodies de chansons, 2006)

Table

9	Présentation
11	Lire de la poésie ?
12	L'envie d'un signe d'encouragement...
14	Immobiles
15	Chaînes
16	Trahir
17	La fin du moi
18	Il sera trop tard
19	Décalage
20	Michel-Edouard
21	Ses rêves
22	Le faire maintenant
23	Les maisons de retraite
24	Subventionner
25	La paix de l'âme
26	Bien plus celui que je serai
27	Méditation
28	Pense aux apparences
29	Où vivent-elles ?
30	Encore une nuit sans Toi
31	T'étais tout
32	Les ondes nous inondent
33	Une plante verte
34	La douleur s'évapore
35	Le coquelicot (+ 4 photos)
39	Le fric des subventions
45	Ta petite main
46	1991-2011
47	Un grain de poussière
58	Audience

49	Liberté
50	Ces petits vieux
51	C'est Tentant
53	Michel Houellebecq
57	Le malheur des autres
58	Privilèges ?
59	Les gens qui comme moi...
62	Bye bye
63	Hexagone tropical
64	Toujours un après
65	La vie virtuelle
66	Plus tu t'éloignes
67	La douleur s'évapore
68	Les jours sans amour
69	Sous le feu de l'action
70	Si je parle de toi un jour
71	Un junkie de l'Amour
72	Autre chose que de l'amour
73	Quand on a fini d'aimer
74	La cassure irréparable
75	Faute d'amour
77	Gallimard !
79	On s'emmêle
80	Plusieurs vies
82	Anna Karénine
83	Patricia
84	Paul Auster
85	Fruit ?
86	Ces gens qui s'ennuient
87	Mauvaise cible et grande hypocrisie
88	Le nouveau chemin
89	Reprendre mon envol

90	Le temps
91	Dépenser moins pour travailler moins
92	Tomber mais vivre debout
93	Visions
94	Des illusions folles
95	Conso inutile
96	La vie, titre définitif
97	Le seuil de tranquillité
99	Tant de croyances
100	Un bureau
101	L'auteur...
112	Mentions légales

Mentions légales

Tous droits de traduction, de reproduction, d'utilisation, d'interprétation et d'adaptation réservés pour tous pays, pour toutes planètes, pour tous univers.

Site officiel Jean-Luc Petit : http://www.jean-lucpetit.net

Site officiel Ternoise : http://www.ecrivain.pro

Dépôt légal à la publication au format ebook du **1er août 2013**.

Imprimé par CreateSpace, An Amazon.com Company pour le compte de l'auteur-éditeur indépendant.
livrepapier.com

**ISBN 978-2-36541-564-4
EAN 9782365415644**

La poésie enfin publiable (Découvrir la poésie contemporaine française en livres numériques) de Jean-Luc Petit
© Jean-Luc PETIT - BP 17 - 46800 Montcuq FRANCE

www.ingramcontent.com/pod-product-compliance
Lightning Source LLC
Chambersburg PA
CBHW072159100426
42738CB00011BA/2474